Silke Scheuermann

Skizze vom Gras

Gedichte

Schöffling & Co.

für Matthias

Zweite Auflage 2015
© Schöffling & Co. Verlagsbuchhandlung GmbH,
Frankfurt am Main 2014
Alle Rechte vorbehalten
Satz: Fotosatz Amann, Memmingen
Druck & Bindung: Pustet, Regensburg
ISBN 978-3-89561-376-0

www.schoeffling.de

Die Ausgestorbenen

Die Ausgestorbenen

Es sind die Pflanzen in den Schlagzeilen, nicht die auf der Wiese,
in Wäldern und Sümpfen, Gärten und Parks.
Es sind die Pflanzen, die in den Konjunktiv gezogen sind,
weil wir sie umtopften in imaginäre Parks,
Erdgeschichte, Kapitel. Jene, die Neubaugebieten
gewichen sind, Umgehungsstraßen und Kraftwerken,
im Paralleluniversum riechen sie wunderbar,
in diesem nur nach Papier und Listen,
schlechtem Gewissen und hohem Gewinn.
Wir befinden uns tief im Gestrüpp von Schuld,
das über verlorene Schmuckstücke wächst, weggeworfene Ringe,
Fußkettchen aus angelaufenem Silber. Vergeblich verhandeln wir
alte Gefühle, suchen nach Bildern, die sich im Traum bewegen.
In meinem Brustkorb funkelt mein Herz wie ein versteckter
Kressesamen, ein Blättchen Löwenzahn.
Schwaches Licht fällt auf etwas, das an die Wand gezeichnet ist,
und ich sehe, es sind Bilder der ausgestorbenen Pflanzen.
Für einen Augenblick flüstern alle ihre Namen gleichzeitig,
und ihre Farben leuchten noch einmal auf,
leuchten und leuchten, addieren sich zum Frühling,
wie es ihn kaum je gegeben hat,
wie er kaum jemals in Öl existierte oder auf Hochglanzpapier,
wie er niemals in Fabriken hergestellt wird oder Industrieparks,
gebaut auf dem Areal, das einst das ihre war, jetzt
so wild überwuchert von etwas Neuem.

Zweite Schöpfung

Zweite Schöpfung

Wie wir es schaffen, hat keine Bedeutung.
Wir hatten seit letztem Sommer schon dicht
am Ziel geforscht. Nur der letzte Schritt fehlte.
Ich zitterte, als ich sagte: Ein Zwergmammut wird
unseren Sohn herumtragen, Sibirische Tiger unsere
Töchter beschützen. Ein Tag wird wie der andere sein,
wenn wir die Hirne der Großsäuger knacken: ekstatisch,
verträumt, voller Verluste. Zweihundert Milliarden
Nervenzellen, aufgelöst, ineinander vertäut wie
Boote im offenen Meer. Gehirn, Seele und Sinne
fahren zusammen hinaus, eine Flotte in Formation.
Nenn es Krieg, nenn es Wahnsinn: Dies ist
die Freiheit der Liebe: neue Wesen zu schaffen,
sie uns zur Seite zu stellen. Dies ist die Freiheit
unserer Art, neue, andere Arten zu machen.
Gott hat uns mit einem Bausatz beschenkt.

Wandertaube

Erschaffen zu werden ist ein Akt der Gnade.
Doch wie beschämend kann die zweite Schöpfung sein.
Martha, letzte Wandertaube der Welt, gestorben 1914
im Zoo von Cincinnati, stell dir die leuchtenden
Augen der Forscher vor, ihr jahrelanges
Puzzlespiel mit deinem Erbgut.
Wie du, diesmal, im Labor schlüpfst,
ohne Waldduft und Rauschen. Wie du, diesmal,
eingefärbte Bindetauben als Ernährer akzeptieren musst.
Ist es das wert? Denk darüber nach, wenn du wieder
die alten Routen durch die Lüfte fliegst. Du bist
noch einmal Teil des dichten, großen Schwarms.
Und doch, du weißt es selber am besten:
Es ist nichts mehr wie früher.
Der Rhythmus hat sich verändert,
rast, stockt, ist uneinschätzbar geworden.
Hundert Jahre später ist diese Welt eine andre.
Erstickender Waldduft ist Chemiegerüchen
gewichen, die singende Liebe der Flüsse
dem Kreislauf von Kraftwerken, unsichtbar.
Wenn du, wie jeher, der brennenden Sonne
entgegengleitest, wirst du die neue
Gegenwart fühlen – ohne hinabzugleiten
in Trauer? Wird es dir Trost sein zu wissen,
dass die Zeit nicht fließt, sondern statisch ist
wie ein gefrorener See? Du also in einem Heute
lebst, das seine eigene Illusion darstellt?
Oder ist es dir gleichgültig, da du nichts
als den Rausch spürst, die Lust,
erneut da zu sein, nur um
wieder und wieder
in fast senkrechtem Flug
durch den Augenblick zu stürzen?

Dodo

Es ist wahr, man kann zu verträumt sein
zum Überleben. Neben dir spazierten immer
mehrere Himmel einher. Ausschließlich
freundliche andere Arten. Nun ja – bis wir kamen.
Gott hat uns Wut geschenkt, dieses starke Gefühl
ohne Richtung und Nutzen, und Appetit. Du, Dodo,
bist dann rasch verschwunden, in diese andere Welt,
in der Alice ewig versucht, von dir Wunderland-Spiele
zu lernen. Aber uns reicht das nicht, wir wollen
dich wieder. Niedlich, naiv, mit deinen treudoofen Nestern
am Boden. Als harmlosen Kameraden für unsere Kinder
denken wir dich. Glaub mir: Wir sind fast so weit.
Dodo, du wirst wiedergeboren wie am Tag
das Sonnenlicht. Ich verspreche es dir:
Du wirst unter den ersten sein, die wir machen.

Uraniafalter

Welches Ziel hatten wir; wir waren nachts unentwegt
mit Verspätung unterwegs, damals, als die Diskotheken uns
einen Tick zu laut die Liebe erklärten, und uns das nicht auffiel,
weil wir im Mittelpunkt der Strahlung standen; damals war
immer helllichter Tag, wir unentwegt mit unseren Körpern
beschäftigt, die unendlich viel stärker waren als angenommen,
prätentiös, schön; der Traum löste sich in Zeit auf;
wir standen uns zur Verfügung. Wir wollten vergessen,
wollten den Fluch unsrer Herkunft vergessen. Wie der
Priester das Blut trank, die Sonntage unser Fleisch brieten,
Vater grillte, während Mama das Brot brach. Im Garten
reiften Tomaten, wir wuchsen heran, Schmetterlinge
an natürlichen Blüten. Aber dann: verkehrte Welt,
neue Naturerlebnisse. Licht kickte, Steine wurden geraucht.
Welches Ziel, ich erinnere mich nicht, und wieso glaubten
wir damals, alles erreicht zu haben? Weil wir, in den
Städten, immer vom Licht gesteuert waren, von
Autoscheinwerfern, Werbetafeln, glitzernd
spiegelnden Shoppingcentern? Weil wir
in hellen Wohnungen tote Insekten vom Boden auflasen,
Freunde verabschiedeten, die von Müdigkeit sprachen?
Sie sagten, sie balancierten am Rand der Erschöpfung,
bekämen dafür nicht einmal Applaus. Welches Ziel nur,
heute sehe ich fremde Männer durch die Straßen eilen,
weiß nicht, wohin, und du bist einer von ihnen.

Bison

I

In meinen Albträumen hast du es nicht geschafft.
Deine Seele zersprang beim wiederholten Versuch,
dazuzugehören. Zuerst war es ein feiner Riss: Du bemerktest,
dass niemand weniger von dir wollte als dein Fleisch und Fell,
es kam dir unmäßig vor, aber du hast akzeptiert,
akzeptiert in der Annahme,
der Frühling würde wiederkommen,
und zwar exakt wie er es immer tat,
so dass du vorbereitet wärst.

Doch zum einen war da
die Natur, die sich änderte;
invasive Arten hatten, wie auch immer,
dein Revier erreicht: erste Siedler.
Es ging den Männern um Land, ihre
Augen hatten diesen metallischen Glanz.
Die Geschäfte waren das eine, liefen gut,
wer hätte gedacht, dass man pro Tag
einmal gemütlich durch Himmel und Hölle spazieren kann,
nein, es machte dir nichts, dein Programm war flexibel,
die Gefühle: pure Energie, Körperkraft generierend.

Zweitens: Du warst nicht alleine,
später erst war das kein Vorteil mehr.
Nennen wir sie deine Kumpels, Kollegen,
nennen wir sie: deine Gang.
Du warst so gut wie sie, anfangs hat das gereicht.
Bis wann, ist schwer zu sagen.
Doch als du dich betrogen fühltest,
immer öfter, und ohne
zu wissen, um was,
da hast du zugeschlagen.
Das hat dich verändert.

Selbst wenn du in Albträumen zucktest:
Deine Tränen hatten immer
einen schweinischen Glanz.
Überhaupt dein Schlaf.
Davon weiß ich nur,
was man über Albträume wissen kann.
Von deiner Nacht weiß ich nichts.
Dass sie in deinem Kopf ist,
nehme ich an.

Steigst du die Schrecken
ähnlicher Leben hinab?

II

Hör mir zu: Dies ist die Zeit,
von der ich dir erzähle:
die träge aus der Zukunft fließende Zeit.

Später mal wird es so sein: Alles, was die Drogen
außer Kraft gesetzt haben,
wird wiederkommen: Erlebnisse, Ruhe, Geduld.
Die Fähigkeit zur Freude wird wiederkommen, Empathie,
die Genugtuung darüber, vollkommen bei dir zu sein.

Doch der Weg ist noch weit,
ein hoher Preis wird verlangt,
gefordert von dem komischen Kerl
mit dem Engelstattoo,
der dir beim Tod deiner Mutter entgegenkam,
langsam, schlendernd,
lief er durchs Zimmer mit den abgestellten Geräten,
wo sie, zu deiner Überraschung,
weiterhin mädchenhaft ihre Lieder sang,
als wäre Frühling.

III

Wenn ein Gott trauert
bedeutet das,
andere sind alleine, führungslos:
Sie müssen zusehen wie alles,
was dir zu nahe kommt,
zum Opfer, zerstört wird.

Warum du weinst, weißt du: Kein Geschenk jedenfalls,
jede Stunde des Tages gleich stark zu hassen.
Kein Geschenk, weil alles so großartig
aussieht, wie verschneit, wartend,
und gleichzeitig unerreichbar ist.
Ein Dorf in der Nähe des Märchens,
in dem du keine Rolle spielst.

Nichts, das du getan hast,
macht Sinn, hat Konsistenz,
der Frühling wird
niemals wiederkehren,
er bleibt von nun an
Erinnerung, gespeist aus
altem Wissen: dass es einst
weiterging nicht nur für Teile,
sondern das Ganze.
Wer nicht mehr
dabei ist,
kann nicht erzählen, die toten Enden schweigen.

Das ist das Leben:
ein Albtraum, gegründet auf diese Wahrheit:
dass die Toten allzu langsam
in den Lebenden sterben.

Säbelzahntiger

Was wirst du behaupten,
wenn ich dich frage, wozu
du diese Wahnsinnszähne brauchst?
Stellen sie deinen Hunger dar, der sich
in der Nähe des Mauls offenbart?

Kein Forscher hat es mir sagen können.
Möglich, meinten sie, deine eingebaute Waffe wäre
nichts als ein falscher Tritt im Walzertakt Evolution.
Zu unspezifisch, um überhaupt einen Nutzen zu haben.
Möglich auch: Du seist ein sportlicher Kletterer,
haust die Zähne wo rein und ziehst dich dran hoch.
(Zum Beispiel an einem anderen Tier.)

Neulich träumte ich,
ich wäre die Göttin, die für dich
zuständig ist. Hätte dir selbst diese Waffe gemacht.
Nur damit es Gründe gäbe zu gehen –
aus einem vagen Gefühl
von Bedrohung heraus.

Doch noch während ich weglief,
wachtest du auf, schriest hinter mir her:
Bleib! Was bekämpft werden soll,
gibt es doch gar nicht,
bleib! Du musst zugeben:
bewaffnet zu sein,
steht mir nicht schlecht.

Ich schüttelte den Kopf und lief weiter,
dreimal um die Zeit herum,
direkt ins 21.Jahrhundert.

Hier bestaune ich die Waffen,
wie schweigende Gewichte hängen sie
an euren Worten, unsichtbar.
Hier sage ich allen: Liefert gute Gründe,
egal wofür. Wir wollen immer
alles wissen.

Liefert gute Gründe, denn
im ersten Moment der Behauptung
kann eine Lüge die Welt umfassen.

Es kann eine Welt sich
nur um diese Lüge gestalten.

Und diese ganze Welt
zerfällt in Sekunden,

als hätte Gott eine kleine Tablette
gegen die Schmerzen geschluckt.

Letzte meiner Art

Es tut mir nicht mehr gut.
Die Gewalt hat mich verändert.
Mein Körper ist kalt geworden wie der Zahn einer Löwin;
mein Geist geht meine Möglichkeiten durch.
Wenn du mich anfasst, werde ich mich wehren,
noch bevor du mir Lust machen kannst.

Du sagst, jemand wie ich entkommt dir nicht.
Keiner, aber besonders nicht ich.
Dies sollte keinesfalls eine Drohung sein.
Ich widerspreche nicht.
Du hast ja recht,
und doch ändern Dinge sich manchmal,
einfach nur, weil sie alt und zerbrechlich werden wie Knochen.

Es ist still hier im Zimmer, eine Stille,
durch die der Computer summt.
Ich gehe im Geist meine Möglichkeiten durch.
Ich bin vermutlich die letzte meiner Art,
die letzte Liebende;
um mich herum nur deine Abwesenheit
und die Möglichkeit Internet.

Es sind Türen in der Stille,
was mich nicht überrascht;
mehr als in meinem Elternhaus,
auch das habe ich erwartet,
weil ich besser werde und das Spiel in mir wächst.

Mein Geist ist vorsichtig und wachsam,
sich dessen bewusst, von sich
selbst auf die Probe gestellt worden zu sein.

Es kommt ihm unmöglich vor.
Ich kann nicht helfen.

Da ist plötzlich die Angst –
was soll ich tun,
wenn du mich einmal nicht mehr quälst?

Ich nicht mehr warten muss,
warten wie eine Schoßkatze,
warten wie eine parfümierte Dame,
warten, als hinge dir der Schlüssel
zum Paradies zwischen den Läufen,
warten auf einen Geliebten, halb
Baby, halb Faschist.
Warten, bis ich mich zerstreue –

Eine Tür führt ins 18. Jahrhundert, eine ins Morgen,
in einem anderen Zimmer ist Nacht, weißt du,
unmoralisch, verdorben, Frauen wie Männer nur Trieb.
Dort sind alle Menschen
verlassene Hunde,
sie bellen die Dunkelheit an.

Ich sinke nieder auf vier Beine,
glücklich,
endlich nicht mehr allein zu sein.
Doch es sind andere Hunde.
Große, gesunde, mit Marke und Halsband und allem;
sie kläffen mich an.

Wenn Nacht wird und du nicht da bist,
wirfst du unzählige Schatten in die Nächte der Zukunft.
Jetzt schon kann ich sie manchmal spüren.
Wie kalt sie sind.

Es ist, sagst du,
weil du mich
a) immer noch liebst,
b) außerhalb dieses Zimmers
keine Löwin mehr bist.

Kaninchen

Sich Opfer zu züchten, das geht.
So weit waren wir schon, als du kamst: Sie waren bereits
aus dem unterirdischen Bau an die Erde gelockt worden,
dann domestiziert. Sie hatten gelernt,
wie gut Salat schmeckt, Karotten,
sie pflanzen sich auch in Gefangenschaft fort,
unendlich, so scheint es. Macht es nicht Spaß, ein erstes,
noch blind, Aphrodite zu opfern?

Das letzte hast du vor
circa drei Monaten getötet.
Es noch in den Armen in der Tierhandlung erstickt,
die Verkäuferin legte es dir
in die Arme und sagte, wie süß,
es schläft, das Näschen zuckt kaum noch.
(Du hast gelächelt. Es zuckte gar nicht mehr.)
Deine Schwester weinte,
dann bekam sie ein neues.
Du wurdest zum Umtausch geschickt.

Diese Art, sich leicht zu erschrecken,
immer auf Flucht gepolt, zitternd auf Nahrung zu warten,
sich zu wärmen an jedem, der in der Nähe ist – ein Kaninchen
hat immer mit Angst zu tun.
Abstoßend kommt dir das vor,
verachtenswert.

Es gibt Menschen, die sind so,
ihre Religion ist die Angst;
sie scheinen glücklich, reich, satt,
und doch sind sie winterlang versteckt in ihre Pelze.
Deine Schwester wird wohl
so werden, Kaninchen.

Manchmal denkst du, es ist eine List,
die sie sich von den Tieren abschauten:
alles zu tun, nur um so schnell wie möglich
wieder unter die Erde zu gelangen,
in den eigenen wundersamen Bau, diese selbst
erschaffene Welt.
Für andere zu eng, für sie passend.

Höhlenlöwe

Manchmal fliegt eine Taube an deiner Höhle vorbei,
doch du siehst sie nicht.

Du bist viel zu beschäftigt, im Dunkeln ganz bei dir selbst zu sein,
deine Geschichte herauszuhören
aus der Musik, die dich umgibt.
All die Stimmen besingen,
mal liebevoll,
meist voller Gewalt,
etwas, das in dir schlummert,
noch nachbebt vor Kraft.

Davon, dass es tausend Arten zu sterben gibt, doch nur die eine,
geboren zu werden.
Um dich herum liegen Federn,
Krallen, Schnäbel.
Und etwas, das wie ein Steinherz aussieht.

Wann hast du zuletzt gefressen?
Dein Rudel bringt dir nichts mehr.

Deine Höhle ist Versteck,
Krankenstation, Grab. Deine Gedanken
werden klarer und härter zugleich.
Als nähertest du dich einer Sprache des Glaubens.

Draußen, in der wärmer werdenden Welt,
bricht das Eis schneller.
Du lauschst dem rasenden Gesang.
Darin ist deine Biografie nur ein feiner Riss.
Du bist stolz auf dich – und auch wütend.

Vor 13,8 Milliarden Jahren begann die Zeit.

Etwas wird bleiben von dir, kein Fell,
eher Knochen,
und vielleicht ein Gedicht, in dem ich schreibe,
es würde unendlich schwer sein,
dich verloren zu haben.
Zu wissen, du liegst da nicht mehr
in deiner winzigen Welt,
bedürfnislos und voller halbverdauter Wünsche.

Doch eine andere Höhle, ganz in der Nähe, ist von innen bemalt.

Darin dein Abbild: riesig, durch schwarze
Umrisse definiert. Deine Stärke
wird bleiben, in Ocker, Orange,
dein Blut wird pulsieren, als hättest du
eben ein kleineres Tier verschlungen
(dein Stolz, dass du der größte Fleischfresser
aller Zeiten warst).

Eine Zeit lang
werden Menschen versuchen, dich zu beschreiben.
Dich und das Ende der Eiszeit,
diese Hitze, die Hitze verschlang.

War es das wert? Darüber grübelst du nach,
vergraben schon am Tag,
zu enttäuscht,
um wenigstens mit dem Abend Frieden zu machen.

Ich werde die graue, müde Taube sein,
die an deiner leeren Höhle vorbeifliegt.

Helenas Traum

Helenas Traum
Marlene Dumas: Helena's Dream (2008)

Irgendwann muss Schluss sein,
aber vorerst träume ich noch.

Ich werde eine schöne Frau sein,
die niemanden ansieht und
niemals gefällig sein will.

Trotz meines Herzens aus Stein
besänftige ich die Mutter,
befreie den Vater von
falschen Verbänden
und zeige ihm, was eine echte Wunde ist.

Im weichen Mund der Zeit
sitze ich,
kalt und hart ist mein Herz,
und nichts wirst du in mir
von der bekannten Welt finden.

Erst wenn ich kein Kind mehr bin,
werde ich ausgeträumt haben.

Meine Arbeit ist allzu einfach:
Ich klettere auf Masten, um den
Wanderern und Pendlern,
den Vögeln und Liebenden
meine Weisheiten einzuflüstern.

Alle täusche ich, die Allmächtige.
Ich flüstere Wahrheiten, die nur die
Empfänger verstehn.
Wie du mich verstehst,
wenn wir uns lieben.

Ich lächle dir zu, das ist meine Arbeit.
Und doch schau ich dir nicht in die Augen,
und wenn ich gehe, drehe ich mich nicht nach dir um.
Ich frage das Internet nicht, wer du bist,
umgekehrt verlange ich nichts,
auch wenn dir das zu wenig sein sollte.

Nichts, als dass ich wieder einschlafen darf,
von Blättern und Vögeln und anderen
flüchtigen Leben träumen.

Jene, die reisen, beneide ich nicht.
Ich beneide auch nicht die Denker,
die pausenlos ihre eigenen
Fragen umkreisen.

Ihre Ergebnisse sind vorläufig wie ihre Gesundheit.
Nein, ich beneide es nicht,
dieses ständige Reisen.

Still
bleibe ich hier im Schlaf.
Wie viele Stunden verstreichen,
seit ich hier bin,
wie viele Blätter, Vögel,
Länder, Regierungen fielen?
Wie viele Retter kehrten heim, wie viele Arbeiter –
Philosophen wie du, der an Heimat glaubt,
der nicht einschlafen will,
hier nicht, wo ich so tief schlafe.

Ich weiß, irgendwann muss Schluss sein.
Aber vorerst träume ich noch.
Lass mich,
bitte.

Gaukler
Picasso: Le repas frugal (1904)
La suite des saltimbanques (1904–1905)

Wir Städter erwarten euch. Unsere kreischenden Kinder
können nicht schlafen, sie wollen Kunststücke sehen.
Tauben, die unter Tüchern verschwinden, Tänzer,
die sich Schlangen umlegen wie Schals.
Und Trompeten, ach ja, glänzende Instrumente,
sie werden von Tieren und Menschen verstanden,
nach ihrem Lied richten sich Körper aus.
Mädchen und Jungs werden euch in den Wagen
winkend umringen. Eure Pferde bekommen Karotten geschenkt.
Eurem blassen und stillen Schimpansen haben wir Äpfel gekauft.

Was können wir sonst tun?
Mitleid würde euch aus der Stadt vertreiben.
Und wir mögen euch allzu gut leiden.
Dennoch, es ist traurig, wie ihr manchmal
hinten im Wirtshaus sitzt.
Du, Mann, hast deine Frau im Arm,
und: Nein, es sieht wirklich nicht aus,
als wäret ihr satt.

Brief zur Kirschblütenzeit (Antwort)
Hiroshi Sugimoto: Hall of Thirty Three Bays (1995)

Geh erst einmal Buddha betrachten,
den mit den elf Gesichtern und tausend Armen.

Der ist für jedes Gefühl zuständig, kann alles
Leid schauen, das wir ertragen,

alles verstehen, was wir sagen,
dem können wir jede Frage stellen.

Buddha sitzt immer so da:
zentral und heilig.

Sein dreimal gütiges mildes Antlitz,
sein dreimal zorniges Antlitz der Entrüstung,

sein dreimal drohendes Hundezahn-Antlitz,
sein Antlitz, das durch explodierendes

Lachen das Böse vertreibt,
jenes, das der Welt entrückt ist,

zu dem wir hochschauen,
ohne viel mehr als Wolken zu sehen.

Sieh dir das an: Buddhas Gesicht im Wolkenversteck,
denk dir, dass Wolken womöglich generell

als Verstecke gedacht sind. Die Welt soll, womöglich,
nach oben hin, langsam verschwinden,

nicht einfach so
abbrechen,

so menschengemacht
wie ein Gedicht.

Schwerer Körper
Henry Moore: Oval with points (1968/70)

Ich teile die Welt durch zwei.
Um das zu begreifen, muss man nicht altmodisch sein.
Auf der einen Seite mein Körper aus schwerem Metall,
auf der anderen meine Sehnsucht, die leichte Luft.
Ich umschließe sie mit einem flotten Bogen,
garniere mit Spitzen, was ich meinen Ausschnitt nenn.
Die Luft muss bemerken, dass ich sie forme.
Sie muss mir dankbar sein.

Ich teile die Welt durch zwei. Im eisigen Park liefen
die Großeltern Schlittschuh. Ihre Enkel rauchten
dort ihren ersten Joint. Parks waren früher
noch nicht beleuchtet. Blutjunge Geliebte
gaben sich ohne zu zögern hin. Bekamen
Kinder, die sie wie Hündchen verzogen.
Ein kleines sprang durch mein Luftloch hindurch.
Es fiel unglücklich hin. Seitdem kommt es vor,
dass ich Tiere mit Sehnsucht verwechsle.

Die Geliebte
Vanessa Beecroft: VB 47.348 DR
Peggy Guggenheim Collection Venedig (2001)

An beiden Füßen trage ich die Schuhe
meines wundervollen Geliebten.

Er sagte eines Tages zu mir:
Diese Schuhe sind nicht zum Weglaufen da,
vor wem auch immer,
sie sind nicht dazu da, weite Wege zu gehen.
Du wirst in der Nähe der Liebe bleiben, nachts
alle Kleider ausziehn. Glück spüren.
Du wirst die Gezeiten beobachten,
und meine Küsse riechen für dich nach Weite und Feldern.

Die Liebe ist eine Natter direkt an deiner Brust,
du musst die Haut schützen oder dem Tier
die Giftzähne ziehen.
Die Liebe ist ein Kunstwerk in der Dose.
Mein Schatz, du bist nicht besser als ich,
nur weil du an der Uni warst.
Ich bin ein einfacher Handwerker,
was glaubst du, wer die Dosen macht?

Du kommst aus einem Zuchtbecken für Perlen.
Deine Hülle ist gar nichts wert.

Als du bei der Künstlerin
mit dem Bienennamen mitmachtest,
sie dich auszog, verhüllte,
da waren nur deine Schuhe noch sichtbar.
Doch weglaufen wolltest du nicht.

Dass du da bist, kleiner Liebling,
ist alles, was zählt.

Spiralpavillon
Olafur Eliasson: Spiral-Pavillon (1999/2001)

Der Wind ist machtlos,
er kann nichts verhindern.
Da ich keinen Widerstand biete,
bin ich ungreifbar.
Neidisch sehen mich
Schwächere an.
Spaziergänger im Park, die
ihre Augen an den Horizont heften,
als ob etwas Unermessliches sich
nähern würde.
Dabei weht nur ein Lüftchen,
sehr schwach.

Wind –
weht er an Stränden,
treibt er das Wasser hoch,
zerrt er am Land, kann er
Erze mit dem Blick verbiegen,
fällt er auf Bäume,
fällt er sie, und
du wirst zu jemandem, der
seine Augen zur Unendlichkeit wendet.
Sieh ins Innere des Windes, es ist
unbewohnt,
körperlos.

Ich denke an euch,
ihr seid in meinem Gedächtnis.
Mein Dach zeigt ohne Häme
auf den Boden und schweigt.

Mein Dach zeigt ohne Häme
zum Himmel und öffnet sich den Gebeten.

Während meine Freunde, die leicht
metallischen Drähte,
sich scheinbar unendlich verzweigen.

Das Mädchen, das in den Spiegel sieht
Wladimir Lukianowitsch von Zabotin:
Mädchen im Spiegel (um 1922/1927)

Als Kind schaute ich
mit der Wachsamkeit eines Geschöpfes in den Spiegel,
das ständig vom Verschwinden bedroht ist. Verschwinden
wohin? Eine andere Welt konnte ich mir
fabelhaft vorstellen.

Eine, die sich kurz zeigt und dich dann sofort aus der hiesigen
wegzieht. Ich erwartete nichts, ich erwartete alles. Diese
Unklarheit war gar nicht schlecht. Es war nicht wie später,
als ich ständig telefonierte, nur um sicherzugehen,
dass es sie noch gab, meine Freunde.
Dass sie drangingen, wenn ich es war.

Die andere Welt war heute so, morgen so, machte mir gar nichts.
Es gab dort Dinge, die jeden Tag geschahen. Interessant
war, dass manchmal plötzlich etwas fehlte –
aber so, wie eine Sorge fehlt,
man merkt es selten,
eigentlich nur, wenn man darauf gestoßen wird.

Nun ja, was fehlt an einem Krieg ohne Waffen und Tote
und Blutbad, Folter nur mit Worten, mit Reimen ohne Sinn.
Was fehlt, wenn niemand stirbt, die ständige Forderung
nach der Unsterblichkeit nie gestellt werden muss.
In seiner wichtigtuerischen Beständigkeit
stäubt etwas Schnee über eisgraue Straßen,
und keinem fällt auf, dass der Sommer fehlt.

Einsame Köter schleichen vorbei, ohne Registrierung, ohne Namen,
die Straßen auch namenlos, Häuser ohne Nummern. Versuch
hier mal einen Freundesbesuch, keine Chance.

Zum Glück hat jeder in dieser Welt einen Feuerball als Seele,
begabtes Licht, an der besten Quelle untergebracht: tief
in dir, und keinem fällt auf, dass die Seele fehlt.
Sie sagten auch von mir, was alles fehlte auf einmal,
es muss also da gewesen sein, früher. Doch
ich hatte aufgehört, die Seele zu kennen.

Was dann geschah? Nun, ich vergaß,
dich zu lieben, obwohl du es
weiterhin tatest, schonungslos
schön, gefährlich, eine Liebe,
von der ich zurückfiel mit langsamer
Stetigkeit, einer
Geschwindigkeit, die dir Angst machte,
dem Gegentempo zu deiner,
der Versuch, dich zu drosseln.

Es passte nicht. Du sahst vor dir noch diese Vision von mir,
doch das hochmütige Kind liebte nur sich selbst.
Vielleicht hatte ich den Punkt übersehn,
als Wegschaun noch möglich war.
Immerzu blickte ich weiter in Spiegel.
Es war etwas Sexuelles, natürlich,
das war es in den meisten Welten.

Aber genug davon. Als Montag
vorbei war, kam Freitag und dann
wurden die Karten ganz neu gemischt.
Es gab wieder einen Spiegel, vor dem ich mich hochmütig
aufbaute, und wieder wartete ich
auf meine Entführung,
bösartig, naiv,
engelsgleich, voller Erwartung.

Verschwinden bedeutete keineswegs: fort sein von etwas, sondern:
bei etwas Neuem, Besserem.

Und ich wurde bestraft, obwohl ich vergessen
hatte, dass es die Strafe gab.

Ich verdiene sie,
verdiene, dass man mir meinen Körper wegnahm,
dass ich ewig gezwungen bin, meine eigenen
eitlen Augen im Spiegel zu sehn,
auch wenn ich längst nicht mehr vor ihm stehe.

Ein Mädchen ohne Körper, das sich in die Augen sieht.

Flora

Floras Lied

Nicht die ganze Welt, aber alles,
was blüht, Bäume, Sträucher, Kräuter,
wird von mir verkörpert, einer einzigen Frau.
Ich zeige mich blühend, Sinnbild
des Schönen, andere
Frauen beneiden mich.

Und doch: Mir ist diese Schwäche
für Schutzräume eigen,
Rückzüge, Gärten, begrenzte,
doch gierige Körper,
Körper, die ihren Charakter
als Zufluchtsort kennen,
strategisch bepflanzt für Lesende,
Liebende, all jene, denen
die Möglichkeiten innerhalb
Mauern unendlich erscheinen.
Vielleicht nur dort.

Ihr habt alles verlassen, was euch
nicht genügte. Das Paradies,
vor allem, war unzureichend.
Grenzenlose, fehlerfreie
Weite. Der Regen gab seine
Regenshow perfekt ab:
absolut winterlich alles,
Schnee stäubte Oberflächen ein –

Doch nichts trug sich
auf dem Rücken des andern zu.
Genome wurden nicht entschlüsselt,
wozu auch, Krankheiten kamen
nicht vor, die Strahlen: keine Belastung.

Kein Glück im Schattenriss der
Katastrophe, kein Glück.

Versteht mich nicht falsch,
nicht dass ich euch Kriege wünschte,
Flutwellen, Seuchen, nichts von all dem
sollt ihr erfahren – doch erzählt euch, bitte,
davon, wisst es. Genießt eure Welt, unsicher,
wie sie bestellt ist, doch tut es mit Vorsicht,
trefft Vorbereitungen für ernste Fälle.

Alles ist besser als dieses pelzige Nichtstun,
das nichtsnutzige Vegetieren, wofür überhaupt?
Es galt im Paradies ein Nichtsterben und
Nichtwerden, schieres Dasein ohne Sorge,
Nichtsein. Die Zweige ragten ewig
fruchtbeladen in den satten Himmel. Lebten nicht.
Verwunschener Ort? Möglich, doch er lebte nicht.
Ihr hattet keinen Hunger, nie –

Ich plädiere für Gärten, zieht in Gärten, lebt dort,
Gärten als Gegenform des Paradieses,
Gärten, eurer immerwährenden Sorge überantwortet,
pflegenden Händen, solche, die aus Liebe und andere,
die aus Trauer pflegen, beschäftigte Hände, ähnlich
Odysseus' Händen, unerbittlich und hartnäckig,
keine noch so perfekte Insel
konnte dagegen ankommen, keine
Nymphe Kalypso ihn einlullen,
nehmt dies, bescheiden, als Trost,
dass ihr loslassen müsst, im Leeren
den Sinn selbst erschaffen.

Pollen

Ich würde später verstehen, hieß es,
erst einmal eine Reise tun.
Als wüsstest ihr nicht, wie es sich anfühlt,
unwissend unterwegs zu sein.
Zu fliegen in dem Bewusstsein,
nicht zu begreifen, weshalb
man über die Erde gleitet, über die
Gräser am Gartenrand, die halb
offenen Tulpen. Als Kinder,
die pubertierten, wart ihr mir ähnlich.
Immer ein wenig zu weich und zu weiß,
seidig, bei Gott, aber ohne bestimmte Kontur,
die man nachvollziehen, begreifen kann.
Ohne einen anderen Namen
als jenen, der noch nicht passte, nach dem sich
umzudrehen noch keinen Sinn macht,
nicht wirklich. Alles noch Übung,
Lehrschule, Stoff. Hoffnung, dass, irgendwann,
endlich, deine stolzeste Stimme erklingt,
behauptet, dass »Ich« etwas ist,
das befruchtet ist, einem höheren
Wunsch nachgibt, Leben schafft.
Und ich habe endlich die Ahnung,
wohin es, vielleicht, geht –
aber dann diese Willkür:
leicht zunehmender Wind,
und ich werde umgelenkt,
mein Unmut, mein Unverständnis.
Da war nie ein Ziel für mich.
So ist es kein Ankommen.

Brennnessel   »Je glücklicher wir sind,
desto weniger kann sich Erinnerung halten.«
Amy Clampitt

Ich weiß, eure Zuversicht hat gelitten.
Ihr seid jetzt sehr misstrauische Diener.
Aber was genau ist es, dem ihr misstraut,
dem Wald oder euren eigenen Schritten?

Seid gewiss, es ist nicht nur der Schmerz, der vergeht,
sondern auch die Erinnerung an all
das, was ätzend war, Ameisensäure,
auf eurer Haut. All das verschwindet.
Es ist angenehm, so leer zu sein,
wie angefüllt mit frischem Wind.

Riecht ihr das feine Bodenaroma, lest die Gedanken der
Pflanzen? Seht ihr den Hund, der nachdenklich
dem Pollenflug zuschaut?
Wie friedlich sie wäre,
diese zwitschernde, summende Wildnis,
wenn überhaupt niemand mehr wüsste, dass es
irgendwo an seinem Körper, einmal, vor langer Zeit,
entsetzlich gebrannt hat.

Vergessen fängt immer erst an, und:
Ja, diese Wälder sind ewig. Schatten,
der über Schatten brütet,
Moor, das sich selber erstickt.

Ein anderer
Ausweg wäre: endlos schlafen.

Gloria Dei

Wir Rosen sind eitel, kommen
zu häufig in Märchen vor.
Da sind wir prächtig und tragen Dornen.
Wir werden angefasst, wir lassen bluten,
wir besiegeln den Fluch.

Nachts in eurer Schlafstadt, wenn ihr
in das andere Märchen abgleitet, in
Schlaf, wenn ihr hilflos Signale
versendet, Schweiß, Stöhnen, eure eigenen
Strahlenblumen der Angst züchtet –
sind wir immer noch da, wo ihr uns vermutet,
im Schlossgarten, auf dem Friedhof, im Brautstrauß,
immer auf euer Blut aus, auf Verletzung.

Gloria Dei – wir bleiben stets
diese Verbindung zum Bösen,
die so voll Schönheit ist,
dass es euch unsicher macht.
Musik, eine Wolke,
Duft, ein Ballon –

sie kommen, verschwinden –
wie eure Angst ohne Anmeldung.
Nun, mehr haben wir nicht gewollt,
bedichtet uns wieder und wieder. Nennt
uns Lichtpflanzen, Überbleibsel der
Morgenröte auf Erden,
egal, doch: beschwichtigt uns.
Dann habt ihr eine Chance.

Akazie

So bescheiden, dass selbst die Sonne
den Sinn von Stolz hinterfragt, aber ungeduldig,
oh ja – selbst die Aussagen, die sie
über den Winter trifft, sind atemlos,
ein Rauschen, das wenig mit Wind zu tun hat,
vielmehr mit Sprache, stiller Macht. Sie
alle sind als Versprechen zu lesen. Besagen,
dass Serengeti nur eine Station in einem
aufregenden Leben war und sie jetzt
hier ihren Schirm spannt, Silhouette der
Geborgenheit. Nichts endet schnell genug,
kein Tag; da ist immer nur Ungeduld, Warten –
darauf, dass die Sonne endlich einschläft.
Samt ihrer Behauptung: Warten, das
macht nichts, Warten ist Übergang.
Die Natur ist nicht dunkel,
die Welt ist dunkel.

Efeu   »Er war so ein Engel.
                          Er war so ein Engel.«
                          Raquel Chalfi

Wir sind es leid, euren ständigen Vorwurf:
Lichtkonkurrenz, flächendeckend, wuchernd, zu viel:
Was tätet ihr mit den Toten, wenn sie nicht
auf unseren ewigen Blättern endlich zur Ruhe gebettet,
endlich aus eurem Kopf in das Himmelreich
einziehen dürften? Für immer, das ist euch gewiss,
wenn ihr unsere Wurzeln betrachtet, unser
Wachstum, die Macht, über Mauerwerk
zu wandern, all diese Kraft.

Glaubt mir, sie fängt erst an, eure Trauer.
Wenn wir Besitz ergreifen, alles Unsrige
mit Immergrün bedecken: Erst dann könnt ihr
euch beruhigen, zulassen, dass Seele,
Treue, Überdauern mehr als Begriffe sind –
ein langer Weg für euch Lebende.
Doch erst, wenn ihr aufhört, das Ende
zu denken, seid ihr geheilt.

Löwenzahn

Wie ich den Wind liebe;
er kämmt Gräser und schleift Steine glatt,
lenkt meine Samen,
er ist immer da,
mal stärker, mal schwächer.
Wenn ich den Wind mit euch vergleiche,
so wie ihr alles vergleicht,
schneidet ihr schlecht ab.

Er bemühte sich nie, mir einen Namen zu geben
wie ihr. Und dennoch: Ich bevorzuge ihn.
In seiner körperlosen Präsenz, ist er
mein Vater und Herr. Seine Art,
mich zu berühren, zielbewusst, ohne falsches
Gefühl, den Regen zu bringen, Gerüche.
Er lässt mich vergessen, wie kleinlich
die Welt ist, die mich Unkraut nennt.

Erstaunlich, dass ihr über die Runden kommt,
ganz ohne Besitz, ohne eigenen Platz am Boden.
Noch dazu seid ihr schwer,
wie beladen mit zehntausend Blüten.
Dass ihr nach eigenen Regeln lebt,
kann ich nur vermuten.
Wie froh ich bin, keine Gesetze zu kennen,
die so viel Zerstörung bringen, so viel Leid.

Grüne Dahlie

Weil ich grün blühe, weil ich langlang verschollen war,
weil ihr mich *Georgine, Gottes Wunder* nennt,
weil ich, anscheinend, als süße Laune der Natur da
bin, keiner den Trick zu meiner Züchtung kennt,

weil ich fehlte und ihr die Sammlung gern komplett
habt, weil ihr Botanikrätsel gerne gelöst seht,
ihr wissen wollt, was man euch nicht verrät,
mein zarter Kopf so attraktiv und nett steht,

wurde ich hier in den Garten gepflanzt,
hier zwischen bunte Schwestern, nur weshalb?
Zur Strafe, dass ich so lang verborgen war?

Dass ich fast hundertfünfzig Jahre lang nichts als ein Porträt war?
Eines, das nicht einmal zeigt, wie ich wirklich
ausseh – nämlich unscheinbar?

Tulpe

Wenn ich einschlaf,
entfern ich mich nicht
aus dem Garten,
ich bleibe weiterhin dort,
nur nicht so sichtbar wir ihr,
Büsche, Hecken, Angestellte des Lichts,
Freunde der Existenz.
Klaglos, da in eurer Logik
Licht, jedes Licht,
Bedeutung hat.

Leiser Neid? Nein, denn, ihr Lieben,
während ich den Schatten erkunde,
wiederholt ihr euch im Sonnengebet,
ein Ritus, der euch gefällt,
mir aber langweilig vorkommt.
Das heißt: da ist ein
Abgrund zwischen uns.

Ihr seid: immer noch Mädchen für alles,
ich aber: großartiger Importeur.
Kann beim Dunkel bestellen,
was ich als Erinnerung will.
Graubraun, gelbgrau, mausgrau
Geträumtes, endlose Variation.
Wisst ihr: Licht, wenn es richtig
gleißt, weiß nichts von Nuancen.
Entfärbt vielmehr alles,
hat etwas Einebnendes.

Meine Versprechen
sind haltbarer
als euer Schnee.

Ich werde im Frühling zurück sein.
In feinem Kleid. Ich komm
euch besuchen und werde leuchten.
Versprochen. Und ihr erzählt
mir etwas von mir.

Wie sie mich alle vermissten
und langsam begannen,
den Schnee zu hassen, den Frost,
und mich zu beneiden, die ich
warm im Erdreich schlief – einfach
schlief, ein Bewusstsein, das überdauert.

Mauerblümchen

Es gibt Zeiten, da
werde ich zum Mauerblümchen.
Sitze dicht an der Wand aus gestapeltem Stein,
betrachte die Tanzenden im grellen Licht,
sogenanntem Bühnenlicht, heller
als hell. Man sieht jede feine Ader,
jeden Tropfen Schweiß.
Nur ich bin kühl, unangefochten,
im Schatten eine Königin,
weil mich niemand sieht und beurteilen kann.
Als Einzige nicht auf Facebook,
kann ich weder kritisiert noch beschimpft werden.
Niemand kann mich durch einen einzigen Klick
verschwinden lassen wie einen zahmen Geist.
Niemand bemerkt mich jemals;
im Dunkeln bleibt
Herrschaft ungeteilt.
Auf die Steine und mich
fällt langsamer Regen in
uraltem Rhythmus,
er schwemmt die Sichtbaren fort;
ihre Tänze. Ich kann
mich endlich loben dafür, dass ich
meine eigenen Regeln strikt einhalte –
hier an der Mauer gibt es
kein Bedauern, keine Bedürfnisse,
kein mitleidiges Licht.

Drei Sträuße

Geburtstagsstrauß
für die Angestellte

Als wäre ihre Firma ein gewaltiger Baum,
und sie schliefe irgendwo unter den Wurzeln,
die ihre verschlungenen Bahnen ins Erdreich stechen.
Alle schliefen dort, gemeinsam,
und hörten oben die Blätter rauschen.
Und das Vereintsein endete nicht einmal,
wenn es gälte, Geschichten zu hören –
Jedes der angespannten Schlaf-Gesichter hörte dieselbe.
Erst der Winter würde das Geschehen in Tränen auflösen,
individuelle Wege die Wangen hinunter
gleiten lassen; sie einfrieren.
Doch bis dahin
ist es noch Zeit.

Feldblumen für Mutter P.

Der dunkle Garten der Geschwister P. wird für Flora sofort
sichtbar, ein Schatten im gleißend hellen Licht der
cremefarbenen Inneneinrichtung. Nichts liegt herum,
nichts stört oder kann verstauben;
auf diese Weise ist das Nichts an sich präsent,
wenn man lange genug auf eine Stelle im Raum starrt;
die hölzerne Tür, der Garten dahinter, werden erkennbar.
Darin kauern die Geschwister immer noch:
So, wie nur Kinder kauern können, sehr dicht
an den Rändern der Zeit. Sie halten den Atem an,
erfahrungsgemäß bewegt sich sonst der Grabstein
unter dem Efeu, und Mutter, die Jahrzehnte danach
Blumen zum Geburtstag haben will – sehr viele teure Rosen,
cremefarben –, lugt heraus, um mit kleiner Stimme
ein Gedicht aufzusagen.
»Ihr müsst wissen, dass ich
Kinder sehr liebe,
zumindest den größten Teil von ihnen.
Auch wenn sie Flecken machen,
aus einem Fleck entstanden sind und
ins Unendliche eingesaugt werden,
zu schwach, jemals herauszulugen, so wie ich es kann.
Ich weiß, ich werde sehr alt nach meinem Tod.
Aber meine Kleinen werden immer
meine Kleinen sein
und mir zum Geburtstag die Blumen der
Unsterblichkeit bringen.«

Großer Strauß für die Redakteurin

Das Zimmer ist voller Tatsachen: Überall liegen Überschriften ohne das passende Ereignis; es ist als ob die Welt sich weigere, sich der Idee dieser Frau zu fügen. Und trotzdem erscheint das Zimmer so wichtig, als wäre es voller Wahrheiten. Wahrheiten, die sich hier wie Kaninchen vermehren, die Wahrheit des Mordes an einem kleinen Kind zwingt die Wahrheit über den Täter hervor, die Wahrheit über den Täter ist angekettet an viele kleine Wahrheiten, die wie Ratten an der Gesellschaft knabbern.

Flora kritisiert die Redakteurin nicht, doch sie fragt sich insgeheim: Sind es ihre falschen Wörter oder passiert nur das Falsche? Wörter wie »Nebel« und »Stille« und »Zukunft« kommen nicht vor. Wird sie all ihr Material nur zu einem hübschen Strauß Vergangenheit binden?

Mit einer Armbewegung fegt die Redakteurin den Tisch leer, bunte Schnipsel auf dem Fußboden, nur Wörter jetzt noch, ohne Bedeutung. Flora ist überrascht. Das hat sie ihr nicht zugetraut. Die Redakteurin holt die Vase. Vielleicht ist sie, als postmoderne Frau, wirklich cool, für alles offen, gelassen und dezentriert. Aber besitzt sie die Tiefe, die nötig ist, das Zerstören zu verstehen? (Das Böse hat Tiefe.) Wird sie etwas schreiben, das die Dinge bis auf die Gedärme zeigt? (Das Böse hat Gedärme.) Kann sie den Tätern klarmachen, dass Säuglinge unschuldig sind wie Schildkröten, nicht wie Erwachsene, denen Unschuld als Verdienst anzurechnen ist? Kann sie zeigen, dass wir alle hineingeboren werden in ein bereits vorhandenes Geflecht von Bedürfnissen, Interessen und Wünschen, in ein unentwirrbares Knäuel? Dass diese Unauflösbarkeit unsere Identität sein, uns im Kern bestimmen wird? Und diesen aufzuspüren: Kein Weg kann weiter sein.

Commedia dell'arte

Ballerina

Es beginnt noch nicht.
Meine Bewegung
setzt nach der Musik ein.

Sieh ruhig schon her,
der Anfang ist unbedeutend. Anfänge
sind so. Etwas wird kommen, du weißt es.

Schau mir zu: Das, was ihr Tanz nennt,
hat seinen Ursprung in einer entsetzlichen Wut,
die nur Erschöpfung löscht.

Sieh, was ich kann: Tauben und Schwäne
tanzen, sieben Schätze, Feen mit schmaler
Taille und einem gigantischen Reifrock.
Was ich für Glück halte – wenn ich Glück tanzen will –
springt hoch und hat seinen Umfang.

Sieh auch, was mich nicht interessiert: Alles,
das aufgrund einer Verfehlung
seinen mitleidlosen Lauf nimmt.
Tragödien sind vorhersehbar,
dafür trainiere ich nicht.

Die Schrittfolge, die du erkennst,
habe ich gestern entwickelt,

wir saßen da, ohne uns zu gefallen.
Meine Rede war improvisiert.

Amorosa

Ich verstehe, mit dir ist es wie
mit den fernsten Zielen –
sie verändern sich bei der Ankunft.
Werden größer, sobald
ich sie erreiche. Sie sind unspezifisch,
genau wie du. Zerfallen in
Details. Nichts ist mehr sichtbar
durch die immense Vergrößerung.

Du sagtest, du liebst mich mit allem Wahnsinn
und aller Scham. Das heißt aber nicht, betonst du,
dass du damit deinen Stolz verlierst.
Sehe ich auch so. Und heißt auch nicht,
dass du nicht weiterhin mein
Ziel sein kannst, Grund zur
Hast und Grund meines Kummers.

Dich zu erreichen, ist immer schon
schwierig gewesen und beinah
unmöglich nach unserer langen
Anwesenheit im selben Haushalt.
Wir sehen beide das Problem,
halten nur andere Lösungen
für sinnvoll. Täglich.
Wir schlagen sie abwechselnd vor.
Morgen bist du wieder dran.

Harlekin

Nicht das ist
die Strafe, Dummkopf,
das andere.

Schlafen, wenn niemand
sonst schläft.
Schlafen im Galopp,
vorbei am Leben.
Einen Schlaf, der
dir in Bildern zeigt,
was du verpasst.
Einen Schlaf
ohne Antworten, nur
mit Anweisungen.

Träum von der Herde:
Was tut sie?
Spricht sie mit dir?
Wenn ja, misst du alles,
was du denkst, an diesem
Sprechen? Spazierst du
in einen beliebigen
Stall, und da
stehen Pferde, und selbst
sie schlafen nicht, sondern
sprechen mit dir?

Dies ist eine Welt, in der Wetten
abgeschlossen und Gewinne
eingestrichen werden.
Alles, um dich zu zwingen,
dein Leben zu ändern.
Freier Wille, mein Gott –

als würdest du nicht
lang schon wissen …

Ich habe auf dich
gewettet, bevor du
fielst, und danach habe
ich dich zu lieben begonnen,
habe mich hingelegt,
neben dich.

Ich kann nicht schlafen,
wenn ihr schlaft
und nicht, wie du es tust.
Mein Lachen ist einsam.
Meine Seele
kommt ohne Aufpreis.
Der Orden am Hemd eines
Clowns zweiter Ordnung.

Vecchia

Habt ihr nichts anderes?
Die Maske macht mich alt.
Falls ihr heute wissen wollt, ob ich gerne
den Wüterich spiel – was wäre,
wenn ich verneinte?
Oder hatte ich das schon gefragt? –

Manchmal vergesse ich Teile der Handlung.
Ich sehe darin eine Chance, ihr aber
hasst Improvisation. Tut so, als würdet
ihr euch immer an alles halten.
An welche Regeln denn, frage ich?
Es ist doch nur ausgedacht, alles,
von euch, inklusive meiner Falten,
der gelblichen Haut und der Tatsache,
dass im grellen Sommer meine Venen schwellen.

Du sagst, wir spielen spätabends,
es würde kühler, wir stünden auf unseren
Brettern wie unterm Ahornbaum.
Blödsinn. Man steht niemals wie,
man steht oder fällt, es ist niemals
ein bisschen Krieg, merkst du nur nicht. Und
was heißt *angenehm abnehmendes* Licht?

Das Dunkel ängstigt mich, stell dir vor,
ich funktioniere dann nicht, meine
Sinne werden unbezähmbar,
und alle Geräusche haben etwas Wildes.
Also, wieso treten wir nachts auf?
Sag mir die Wahrheit –
damit ich immer noch mitspielen kann?

Harlekin

Ich bin der Türhüter,
der mörderische Keller-Clown.
Ihr brachtet mir bei, mich zu schminken.
Jetzt halte ich euch vom Eintreten ab.

Oder, ist es nicht so?
Tagtäglich erfindet ihr eure Geschichte.
Was ich von euch verlangte,
damit ihr eintreten dürft
(statt mich niederzuschlagen).

Wieder und wieder ruft ihr
von der obersten Stufe aus,
was ihr alles tätet,
um hineinzugelangen
(statt mich mit Essen zu locken).

Doch ich verlangte
Unmögliches –

Ach, zeigte ich euch bloß Vergangenes,
dann könntet ihr endlich begreifen,
was all das bedeutet,
was heute vor euren Augen geschieht,
es ist doch bloß Wiederholung.
Nur: Ich bin nicht der Grund,
dass ihr nicht versteht,

nur eine Ablenkung, euch
denken zu lassen,
ihr wolltet hier wirklich herein.
Ein Hindernis, für das ihr eure
Phantasie aufwendet.

Nur angenommen einmal,
ich holte euch zu mir,
ihr schautet euch um –

wie Zunder würde euch
das Herz verbrennen.
Danach wär
nichts mehr übrig.

Ein dunkler Keller:
Man geht hindurch, man sieht nichts.

Harlekine

Ich bringe euch zum Lachen, als würde
ich euch auf die Welt bringen.
Es ist, denke ich, ähnlich anstrengend.

Ich forme euch zu glücklichen Klumpen,
und so, wie ihr daliegt, gleicht ihr einander,
sonnig und rund seid ihr
Brote aus Juxteig.

Rezept: Ich nehme eure Trauer und
knete sie für eine Zukunft, wie sie
mir vorschwebt, eine Zeit mit schlechtem
Anfang, doch glücklichem Ende.
Umgedrehte Zeit – dieselbe.

Aber was habt ihr deshalb geweint!
Ihr habt es nicht verstanden,
habt nie verstanden, was das Wort
»Komödie« meint.
Es heißt: Etwas beginnt
unterirdisch,
endet im Himmel.

Es heißt auch, dass wir
jeden Abend gegen acht
herkommen müssen, auftreten
und spielen.

Apropos –
wär es nicht besser,
ihr hörtet auf meinen Ratschlag?
Ich meine die alte Empfehlung,
immer nur drei Schritte in eine

Richtung zu gehn? Die Bühne ist zu
klein, und ihr seid so großzügig mit eurem Leid,
dass ihr dauernd runterfallt.

Was bleibt mir also
anderes übrig,
als euch wieder zum Lachen zu bringen,
damit ihr nach dem Fall
besser heilt?

Colombine

Meine Herrin sagt: hellster
Ort im Haus, sättigend.
Aber nachts diene ich nicht,
knete nicht. Nichts
kocht vor sich hin.
Nachts misst kein glückliches
Herz hundert Gramm Hirse ab,
zerteilt Hoffnung allein keinen Fisch.
Wenn du Garten riechen willst,
improvisiere:

Zwei Blätter Kerbel
sind leicht zu zerreiben.
Rieche grünen
Abendregen. Reich ihn
dazu. Stell dir
Paradiesäpfel vor, oder
Kerzen, oder ein Fest.
Mach etwas draus.

Die Küche ist ordentlich. Es ist
die Ordnung der heimlichen
Melancholiker. Das heißt: Neben
dem toten Kaninchen liegen Messer
in drei Größen, Gabeln, Löffel,
zerquetschte Johannisbeeren,
bluten noch. Schau nicht hin.

Du kannst dir ein Stück
von dem Brotmann abbrechen.
Er hat keinen Namen,
schläft nachts ziemlich fest,
ein bequem
ausgestreckter Körper.
Und weich! Fass mal die Fußsohlen an.

Vecchia

Gestern,
spät,
dachte ich nicht an dich.
Der Abend verlief ohne Höhen und Tiefen.
Es gab da nur ein Geräusch,
konsequent klopfte Glück an
und wollte gehört werden.
Tatsächlich: Dass die Chance
zu vergessen so sehr zusammenhängt mit
der Zeit im Januar!

Was soll ich in all den anderen Monaten tun?
Ins schwarze Fenster beten, dieses
ausgeschnittene Stück Nichts,
bitten, dass es noch einmal mehr geben würde für mich
als den Januar, sein rationiertes Licht,
das in meinem Gedächtnis brennt
ohne bestimmte Szene, ohne bestimmtes Wort,
die Sehnsucht auslöscht mit der Sehnsucht,
schwarz und leer zu sein wie der Spiegel
vor meinen Augen? –

Es ist grausam,
wie die Sterne dann wieder Symbol spielen,
aufleuchtend behaupten sie, es gäbe
Richtungen und Geheimnisse.
Grausam, wie sie deine Stimme imitieren,
grausam, wie sie dir gehorchen.

Colombine

Weil in unserem Haus
immer etwas gesucht wird,
ein Knopf, ein Brief,
eine Zutat,
laufen wir
uns ständig
suchend über den
Weg, das heißt: Wir
finden uns dauernd,
ohne viel miteinander
anfangen zu können.

Und ohne es wirklich gewollt
zu haben, leben wir
suchend nebeneinander
her, das heißt: Wir tun das,
was du *miteinander*
leben nennst.

Lieber ungebetener
Freund, wenn du einmal
nicht da bist, wirst du
nicht stärker vermisst
als ein kleiner Gegenstand,
von dem ich glaube, dass er
in der Schreibtischschublade steckt,
ohne ihn wirklich zu sehen.
Ich suche ihn besser nicht.

Das heißt jedoch nicht, dass ich
an dem Tag, an dem du
wirklich verschwindest,
nicht beginnen würde zu weinen.

Ich werde die leere Stelle erkennen,
die nicht einfach frei geworden ist.

Pantalone

Als das Maß voll war,
begann ich erneut,
und diesmal glaubte ich mich erfolgreich.

Es war die Zeit
detaillierter Irrtümer.
Ich dekorierte Haus um Haus,
kaufte Pfauen, Pflanzen, Faune.

Der Pfau war mein Zeichen.
Wasser floss über die Steinchen im Boden.
Es sah bunt aus, vergiftet.
Trotzdem,
diesmal glaubte ich mich erfolgreich.

Kaum, dass ich Gott rief, kam Gott,
und ich bat ihn um seinen Segen.
Er tat, als segnete er alles.
Jedes einzelne Teil.
Er betrog mich.

Liebes wahnsinniges Haus,
sag, warst du jemals versucht,
mich zu warnen?
All die Bilder: Zusammengesperrt
verneinen sie einander.

Jahre der Einsamkeit folgten.
Abwechselnd
spielen die Wände mir
den gleichen Film vor.
Doch es braust kein Fluss,
es fliegt kein Vogel,

am Eingang verstummt das Leben,
erblindet der Tag.

Und du? Dachtest du jemals an mich,
der ich zu warten lernte? Ich weiß nur,
es lag nie in deiner Natur,
zu bleiben, wo Liebe erwidert wird.

Flora und Zephyr

Der Lazarus-Effekt

Wie immer blieben wir unter uns,
wie Liebende es tun, unfähig, dieser Wucht zu
widerstehen, mit der sie einander
auflösen in Tag und Nacht, sich allen Schutzes berauben,
so dass sie nur noch beieinander sein können, nicht anderswo,
Tiere, die in begrenztem Territorium leben,
da sie dort keine natürlichen Feinde haben.
Freiwillige Haft;
die Eingesperrten
ihrem Glück nie näher,
sich niemals bewusst
wie hart die Bedingungen eigentlich sind.

Es geht darum, die Ebbe
zu spüren, den Sog, wenn sich alles zurückzieht,
bevor es sich wieder aufbaut, voranschiebt,
und dann, ganz am Ende des Sogs,
liegt die Wahrheit: das Nichts, dem wir uns nähern –
die See betttuchblau,
wir: eigentlich geübte Schwimmer, atmen schwer,
Hitze und Kälte im abrupten Wechsel.

Wir hatten uns das Meer geholt,
tauchten ein in die Wahrheit, verschwanden,
erinnerten uns; fingen
neu an; für Minuten, für Tage.
Wir waren jene, die einander erschufen,
ohne gottgleich zu sein.
Feuer und Wasser,
Wasser und Land,
was dann kam–,
kann ich dir nicht sagen,

ich weiß nur,
wir veränderten uns.

Du warst auf einmal kein Schwimmer mehr, du warst ein Fisch,
als fändest du es falsch,
lediglich *wie* ein Tier zu sein.
Du wolltest mehr, mit mir,
ich schwamm in einer Stunde Glück.
Ich schwamm in einer Stunde Angst.

Letzte Bilder: ein
gestürzter Drache, Vorhang.
Ich konnte deine Knochen fühlen, Brustkorb,
Rippen, Hüfte. Wir spürten die toten
Arten der Erde, wenn wir uns anfassten.
Versöhnten uns exzessiv, eigentlich ungern.
(Dass wir ein Team waren, wenn wir forschten,
zweifelten alle an außer uns selbst.
Daher war niemand da, als wir
gefährlich wurden, niemand
hat uns voreinander beschützt.)

Wir bauten einander manchmal nur auf, um zu zerstören.
Wir spielten immerzu mit der Welt,
als hätte uns jemand in eine Spielzeugkiste gesteckt,
alles nur unecht, Filme, Licht, Diskotheken und Tänze:
nichts ist abgesegnet worden von der Natur.

Du sagst, du könntest mich nie töten,
ich glaube dir nicht,
du sagst, es wird gut ausgehn,
denn wir sind sicher
auf der Seite der Kreatur,
ohne Moral.
Arterhaltung, Anstand –
die Auswahl
der Liebe folgt andren Gesetzen.

Nur an eins habe ich immer geglaubt:
an diese drei Worte,
in deiner Iris,
wenn ich bat:
Schau mir dabei in die Augen.
Schau   mich   an.

Zengarten

So hätte ich unseren Garten gewollt: wild, wuchernd,
voller Geheimnisse,
statt dieser klaren Strenge, Geometrie, Steine wie
Perlen, perfekt aneinandergereiht.
Du sagst, Wasser sei symbolisch da,
drei Linien, in Kies geharkt.
Ich möge doch bitte erkennen, dass alles,
was nicht als Körper anwesend ist,
dennoch betäubend präsent sein kann. Menschen brächten
überall Zeichen an, wären dafür geschaffen, zu deuten und
Fährten zu lesen. Und während du sprichst, bleibst du unbeweglich,
nur ja nichts zertreten im Kies,
den du Flussbett nennst.

Dies ist eine Szene, für die Buddha seine Arme gäbe,
all die Anwesenheiten, Spuren, gelöscht,
hier, wo alles mit seinen Regeln protzt, alles
akribisch das eindämmt, was es ausmachen könnte.
Du sagst, eine Form zu haben sei wichtig.
Als ob es bedeutet, dass Angst absolut ausgeschlossen ist.
Als ob Gehölze, streng beschnitten, zwar schwächer
blühten, dafür aber für immer. Als ob diese hübschen Steine,
die so zufällig tun, wie hingeworfen,
eine Güte und Klarheit aufzeigen, die
Menschencharakter entspricht?
Als ob Aufsehen erregen bedeutet:
gesehen werden und sterben.

Glaubst du wirklich, dass die perfekte Form
von deiner Hand geschaffen sein kann, dass sie
in vier exakten Rechtecken sichtbar wird?

Auch Prunk prägte Epochen, gab Rätsel auf. Schnörkel sind
nicht nur Oberflächen, sie reichen kellertief, führen zu
Schächten und Gängen. Hier darfst du Geheimnisse sehn,
unerlernbare Sprachen des Lebens –
Leben, das stolz ist, sich selbst nicht zu kennen.
Leben, das nicht *gemacht* worden ist.
Ich blicke in alle Richtungen.

Nicht aus Vorsicht –
sondern weil wir zum Sehen gemacht sind.

Hochsommer

Die Fuchsien sind durstig; der Garten ist wattierte Glut,
ein Hitzekessel mit blühenden Rändern. Hier wachsen
Lichtpflanzen, aber auch Sonne kann zu viel sein, wie Zuneigung,
die übermäßig gefühlt, krank macht, in Abwehr umschlägt.
Denn natürlich, die Zeit schreitet fort, unsere
Schwächen liegen offen da. Wir sind so
ausgetrocknet nach Neuem, dass wir alles
in Kauf nehmen. Oder doch nicht?
Schon wenn leichter Regen einsetzt,
werde ich unsicher, Sommer soll heiß sein,
ich beharre darauf. Sehe zum Horizont.
Fürchte ich Schatten, Wolken,
schwarze Wände, die sich vor die Szene schieben?
Aber nichts kommt, nichts stört. Keine Veränderung.
Überall gleißendes Licht.
Sind die Blumen in Träumen
wirklich schöner als jene in Beeten?
Oder ist nur das Licht wichtig,
dieses Licht, das uns züchtigt,
und der Schaden durch Licht sollte
uns Sorge genug sein?

Veilchen

Was fragst du, nein, ich habe nichts von dir behalten,
höchstens den Duft von Veilchen, unaufdringlich und beständig.
Hellblauen Tee trankst du linkshändig;
ein Duft wie Porzellan, zu zart, um zu veralten.

Und ich erinnere die Fragen, die ich dazu stellte, die vielen
von dir angefüllten Stunden, die vielen Fragen, auf dich ausgekippt.
Die Zubereitung jeder Tasse: einzeln, daran immer nur genippt.
Die Antwort, dass wir sinnlos miteinander spielen,

ist leider wahr. Wie wir sanken, eine Handvoll Blüten –
Die Antwort: hässlich, dennoch wahr.
Am Grund der Treffen grundlos Wüten –

Ja, ich vermisse dich auch dieses Jahr,
doch endlich darf ich dich als Geist behüten.
Am Tassenboden ist ein Muster, und ich sehe klar.

Brief zur Kirschblütenzeit

I

Im Flugzeug, schlaflos,
erinnere ich mich an all die Versprechen,

die ich dir gegeben habe,
damals, als wir

mit dem Altwerden erst anfingen.
Ich würde für dich Rosenkranz um Rosenkranz beten,

war so eins, ein andres, dass ich dir, wenn du verreist bist,
treu wäre wie eine Nonne.

(Du weißt schon: Damals war ich
sehr katholisch und meistens daheim.)

Ich würde für dich die
Münzen aus den Augen der Toten stehlen,

sagte ich auch. Der Satz war dir am liebsten.
Ich sehe dein ruhiges

Gesicht vor mir und denke, ach, diese schmerzhafte
Ähnlichkeit zwischen dir und der Sehnsucht.

All das Gebrüll von der Liebe,
Geflüster im Wind.

Um mich herum träumen andere Passagiere
ihren sparsamen Zweite-Klasse-Traum.

Manchmal ist spannend, was darin geschieht. Aber davon
müssen sie selber berichten,

darf ich nicht erzählen,
fremder Traum ist Tabu.

II

Wieder auf der Erde bin ich mir sicher,
noch nie war der Boden so fest,

das Rauschen in meinen Ohren so stark
und die Zukunft so völlig konturlos.

Meine Ankunft: unruhig und voller Hoffnung.
Im Koffer trage ich etwas

von unserem Leben bei mir,
muss erst mal reichen.

Es ist unmöglich,
auch nur ein einziges Wort zu verstehn.

Und noch unmöglicher ist:
sich mit dem Nichtverstehn abfinden.

Ich ermahne mich.
Weisheit erlangen ist ein Ziel,

mich auf mein besseres
Ich vorbereiten noch eines.

Wer sagt denn, in der Mitte
des Lebens wären wir alle

ausgeplündert und verwüstet?
Wer sagt, wir könnten uns nicht verwandeln?

III

Mittagslicht, Glasfassaden,
all meine Sinne befinden sich noch

im Schlafmodus, in mir ist helllichte Nacht.
Überall große Gestalten, die wie betäubt

durch die Kontrollen gehn.
Überall Spiegelbilder, nirgends ich.

Im neuen Heim befremdliche Ausstattung:
Atemschutzmaske, Handschuhe,

Helm und Erdbebenlampe.
Requisite, die auf ihre eigene,

nicht sehr behutsame Art,
die Sicherheit anzweifelt,

in der ich gewöhnlich zu Haus bin.
Keine Ahnung, was wirklich zu tun

wäre, wenn die Erde bebte, Flutwellen das jüngste
Gericht ankündigten.

Der Tod ist so finster, sogar sehr
große Hunde gehen ihm aus dem Weg.

Hätten wir doch eine Leidenschaft
fürs Abenteuer entwickelt.

Jetzt erschrecken wir immer, dann erst stellen
wir uns Größeres vor.

Wir werden erschreckt und schockiert
und gekränkt und belogen.

Ausgelacht, verwundet, geschlagen, getreten.
Ertränkt in Mitleid.

Dabei sind wir doch dazu bestimmt,
gepflegt zu werden,

umarmt und geborgen,
immer neu benannt, in

erfundenen Sprachen.
Wundgeliebt und frisch gepudert.

Hortensien

Das Vergessen ist ein Festmahl mit dem Teufel
und vielen Tischgenossen. Es gibt Gang um
Gang, exotische Speisen auf Tellern mit goldenen
Rändern, eine seltsamer als die andere.
Neulich noch leuchtete der Name der Vorspeise grün
vor dir auf; der dicht belaubte Baum vorm Fenster
lächelte wie ein Bekannter. Heute fegt Wind
alles weg, Glas beschlägt. Du wanderst die Eiswand
aus Jahren herab. Eine barfüßige Frau kommt dir entgegen,
du bist dir nicht sicher, wie lang sie schon wartet.
Es ist eine Art Prüfung, die im Stillen abgelegt wird:
zu üben, über die Grenze zu kommen, und keiner merkt es.

Skizze vom Gras

Skizze vom Gras

Es war das Jahr, in dem sie das Ministerium für Pflanzen auflösten,
da die Erde nicht mehr genug Arten beherbergte, für die
der Aufwand sich gelohnt hätte. Der Minister und seine Mitarbeiter
wurden Verkehr und Technologie zugeschlagen, der Abteilung,
die schneller wuchs als Organisches.

Die letzten wirklichen Gärten waren die vertikalen.
Sie erforderten sorgfältige Konstruktion und
sehr viel Pflege, ein kostspieliges Hobby,
das sich die wenigsten leisten konnten. Zum Glück
blieben sie lange in Mode, und als sie es dann
plötzlich nicht mehr waren, praktisch über Nacht,
hofften die Architekten auf ein Comeback.

Wenn etwas Gras über alles gewachsen ist, behaupteten sie,
sagen wir in zehn Jahren, maximal in
einer Generation, werden alle wieder
danach schreien. Sie gaben ihre
Pläne an die Kinder weiter mit dem Hinweis,
man müsse nicht immer
ganz von vorne anfangen,
»wir kamen aus dem Nichts«, sagten sie, »aber ihr habt uns«.
Die Kinder schüttelten die Köpfe
und wandten sich wieder ihren Bildschirmen zu.

Es war überhaupt eine Zeit der Auflösung. Gras war das Stichwort,
das einzige, was wirklich noch wuchs, war ein spezielles Gras
mit unaussprechlichem Namen, daher einfach »das Gras« genannt;
die Architekten vergötterten es. Ihr Leben drehte
sich um Gras, die Bauherren waren nur Geldgeber,
wenngleich manche verstanden, was vor sich ging.
Die Kindheit der Männer war mit dem Geruch nach Gras
verbunden gewesen. Alles Gute schien einmal

darin gelegen zu haben, Osternester,
Ausflugsdecken, Jungfrauen, spätere Mütter,
deren Gesichter vor Erwartung
weiß schimmerten.

Zuhause hatten wir die große Reproduktion
einer Wiese an der Wand hängen.
Henry Dargers Mädchen laufen durch das Gras einer Illustrierten,
nackte, bewaffnete Kinder, Zwitterwesen.
Sie sehen nicht unglücklich aus. Ich stand
so oft staunend vor dem Bild,
als ich ein Mädchen war.
Leben ist Verwundung. Jeder Körper wird früher
oder später mit Material in Berührung geraten,
das ihn altern lässt: Liebe, Sonne, Zeit.
Trotzdem will er mit den Jahren immer mehr,
ein kompliziertes Muster aus Sehnsucht und
Befriedigung beginnt sich zu bilden,
ein kleiner Dschungel
aus allem, was Natur ausheckt, gestaltet
und wachsen lässt. Ab und zu durchquert ihn
ein zynischer Eingeborener,
den du von irgendwoher kennst. Ab und zu
lässt du einen Touristen rein,
das ist aber auch alles. Das reicht.

Ich bin die Tochter des Architekten.
Auch über meinem Schreibtisch hängen
Stickereien mit Sprüchen wie
»Gras ist die sanfteste Habe«,
»Büschel das schönste Wort«.
Ich gebe zu, ich glaube das.
Gras ist ein ehrliches Gewächs,
außerstande, ein Leben in anderen Breiten zu führen.
Gras schätzt den Raum, den wir ihm geben.
Diese Dankbarkeit ist stumm, aber
nicht wortlos; sie findet

Wirte. Manche Dichter sprechen
in ihrem Namen wahre Dinge
leise und schön aus; wie das Gesumme der Bienen
in einem Dickinsongedicht
erfüllt es die Himmel unserer Phantasie.

Ich bin die Tochter des Architekten. Ich sehe den Zufall,
und ich stelle mir vor, wie der Zufall mich sieht
und über mein gelblich gefärbtes Haar lacht. Darüber, dass
mir keine Farbe außerhalb der bekannten Palette einfällt.
Rot, Blond, Violett. Rosa wäre auch möglich. Grün. Und dann?
Alles hat Grenzen. Der Bruch der Konvention
findet innerhalb der Konvention statt,
Auseinandersetzungen über den Realismus sind
obsolet geworden, weil wir alle Wirklichkeiten
gleich behandeln,
gleich schlecht.

Erstaunlicherweise ist Gras nicht nachtragend.

Grün ist Wärme. Jeder Halm wird früher oder später
umgetreten und erhebt sich wieder. Beweise liegen
im Gras, können aufgehoben und näher betrachtet werden.
Das Picknick etwa hinterließ Spuren;
außer Eiresten auch Plastiktüten und Alufolie.
All das hatte Platz, wurde abgebaut, überwachsen.
Das Gras blieb eine Zeit lang flach, wo die Decke lag,
alle vierblättrigen Kleeblätter waren ausgerupft worden.

Es ist die Zeit nach den vertikalen Gärten.
Hoffnung erstreckt sich ins Horizontale.

Das Gras weiß, dass grün die Farbe des Schmerzes ist.

Inhalt

Die Ausgestorbenen

Die Ausgestorbenen   7

Zweite Schöpfung

Zweite Schöpfung   11
Wandertaube   12
Dodo   13
Uraniafalter   14
Bison   15
Säbelzahntiger   18
Letzte meiner Art   20
Kaninchen   23
Höhlenlöwe   25

Helenas Traum

Helenas Traum   29
Gaukler   31
Brief zur Kirschblütenzeit (Antwort)   32
Schwerer Körper   34
Die Geliebte   35
Spiralpavillon   36
Das Mädchen, das in den Spiegel sieht   38

Flora

Floras Lied	43
Pollen	45
Brennnessel	46
Gloria Dei	47
Akazie	48
Efeu	49
Löwenzahn	50
Grüne Dahlie	51
Tulpe	52
Mauerblümchen	54

Drei Sträuße

Geburtstagsstrauß für die Angestellte	57
Feldblumen für Mutter P.	58
Großer Strauß für die Redakteurin	59

Commedia dell'arte

Ballerina	63
Amorosa	64
Harlekin	65
Vecchia	67
Harlekin	68
Harlekine	70
Colombine	72
Vecchia	74
Colombine	75
Pantalone	77

Flora und Zephyr

Der Lazarus-Effekt	81
Zengarten	84
Hochsommer	86
Veilchen	87
Brief zur Kirschblütenzeit	88
Hortensien	92

Skizze vom Gras

Skizze vom Gras	95

Silke Scheuermann bei Schöffling & Co.

Reiche Mädchen
Erzählungen
164 Seiten. Gebunden.
ISBN 978-3-89561-370-8

»Silke Scheuermann ist eine Hoffnung
für die deutsche Literatur – und also eine Hoffnung für uns Leser,
etwas mehr über uns und unsere Zeit zu erfahren.«
Uwe Wittstock, Die Literarische Welt

Die Stunde zwischen Hund und Wolf
Roman
174 Seiten. Gebunden.
ISBN 978-3-89561-371-5

»Atmosphärisch stark, mit leisem Humor, unsentimental und
mitfühlend erzählt Silke Scheuermann dieses Kammerspiel.«
Hubert Spiegel, Frankfurter Allgemeine Zeitung

Über Nacht ist es Winter
Gedichte
88 Seiten. Gebunden.
ISBN 978-3-89561-372-2

»Hier schreitet Sprache gebieterisch aus
und tänzelt nicht bloß so dahin.
Man wünschte sich mehr davon.«
Tobias Lehmkuhl, Süddeutsche Zeitung

Silke Scheuermann bei Schöffling & Co.

Shanghai Performance
Roman
312 Seiten. Gebunden.
ISBN 978-3-89561-373-9

»Wie ein mitreißender Film liest sich der neue Roman
von Silke Scheuermann.«
Sandra Kegel, Frankfurter Allgemeine Zeitung

Die Häuser der anderen
Roman
264 Seiten. Gebunden.
ISBN 978-3-89561-374-6

»In kühler, präziser Sprache entlarvt Silke Scheuermann
die Inszenierungen und Lebenslügen ihrer Figuren.
Ihr hervorragender Roman lässt einen noch lange
nach der letzten Seite nicht los.«
BÜCHER

Der Tag an dem die Möwen zweistimmig sangen
Gedichte 2001–2008
Mit einem Nachwort von Dorothea von Törne
216 Seiten. Leinen.
ISBN 978-3-89561-375-3

»Ein stattliches, sehr respektables lyrisches Œuvre«.
Insa Wilke, Deutschlandfunk Büchermarkt